Mein erstes
Bildwörterbuch

Mein erstes Bildwörterbuch

Illustrationen von Angela Weinhold

gondolino

ISBN: 987-3-8112-3085-9
© für diese Ausgabe: gondolino GmbH, Bindlach 2007
Illustrationen: Angela Weinhold
Covergestaltung: Christine Retz
Printed in Slovenia – 003
5 4 3 2

www.gondolino.de

Inhalt

Mein Körper

Das Gesicht

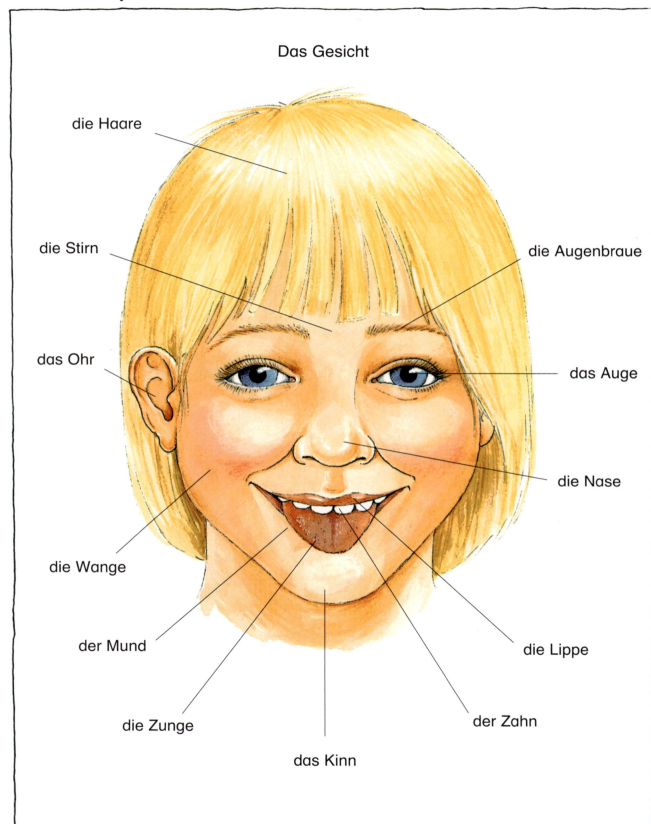

die Haare

die Stirn

die Augenbraue

das Ohr

das Auge

die Nase

die Wange

der Mund

die Lippe

die Zunge

der Zahn

das Kinn

Der Körper

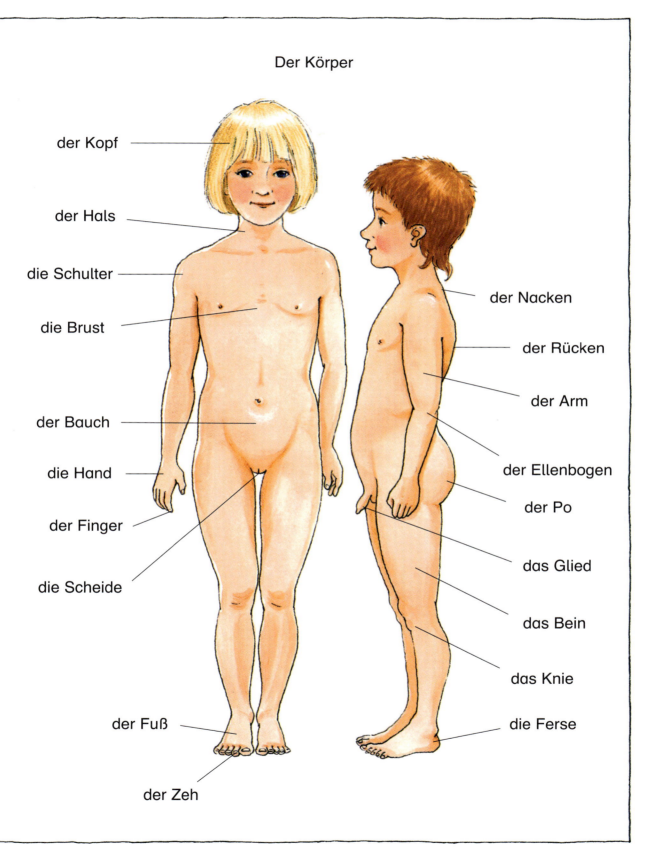

der Kopf

der Hals

die Schulter

die Brust

der Bauch

die Hand

der Finger

die Scheide

der Fuß

der Zeh

der Nacken

der Rücken

der Arm

der Ellenbogen

der Po

das Glied

das Bein

das Knie

die Ferse

Die Kleidung

das Unterhemd

die Strümpfe

die Unterhose

die Socken

die Strumpfhose

die Bluse

der Knopf

das Hemd

die Hose

die Latzhose

das Nachthemd

der Schlafanzug

der Rock

das T-Shirt

die Strickjacke

der Pullover

der Gürtel

der Trainingsanzug

der Reißverschluss

die kurze Hose

die Jeans

das Sweatshirt

die Jacke

die Schuhe

die Mütze

der Mantel

der Schal

der Anorak

die Sandalen

die Handschuhe

die Turnschuhe

der Kleiderbügel

die Hausschuhe

das Kleid

der Regenschirm

die Gummistiefel

der Kleiderschrank

die Regenjacke

der Bikini

die Armbanduhr

die Halskette

der Badeanzug

das Armband

der Ring

der Ohrring

die Badehose

die Brille

In der Küche

die Schüssel

der Deckel

der Topf

die Pfanne

der Topflappen

der Schwamm

die Küchenrolle

der Herd

die Bürste

die Spüle

das Geschirrtuch

das Spülmittel

die Geschirr-
spülmaschine

der Mülleimer

der Backofen

das Brett

die Zitronenpresse

die Reibe

die Kuchenform

das Nudelholz

das Sieb

der Teller

der Suppenteller

die Tasse

die Untertasse

der Becher

der Mikro-
wellenherd

das Geschirr

der Eierbecher

das Glas

die Gewürze

die Kaffeemaschine

das Messer

der Kühlschrank

der Toaster

die Gabel

der Esslöffel

der Teelöffel

die Schürze

das Küchenmesser

der Gefrier-
schrank

der Schneebesen

der Kochlöffel

das Backblech

die Dose

der Dosenöffner

die Suppenkelle

der Korkenzieher

der Pfannenwender

Im Esszimmer

die Suppe

die Pizza

das Spiegelei

die Spagetti

die Soße

der Toast

das Brot

der Tee

das Tablett

der Fisch

die Fischstäbchen

das Brötchen

die Zuckerdose

der Käse

die Milch

die Wurst

der Braten

der Kakao

der Honig

das Hähnchen

das Müsli

das Schnitzel

die Bratwurst

der Hamburger

die Pommes frites

der Reis

die Bratkartoffeln

das Gemüse

der Vater

der Salat

die Brezel

das Ei

die Kanne

der Pudding

der Kuchen

die Mutter

die Butter

der Kaffee

das Eis

die Marmelade

das Milch-
kännchen

der Quark

der Saft

der Ketschup

der Salzstreuer

die Pfeffermühle

der Senf

die Serviette

Im Badezimmer

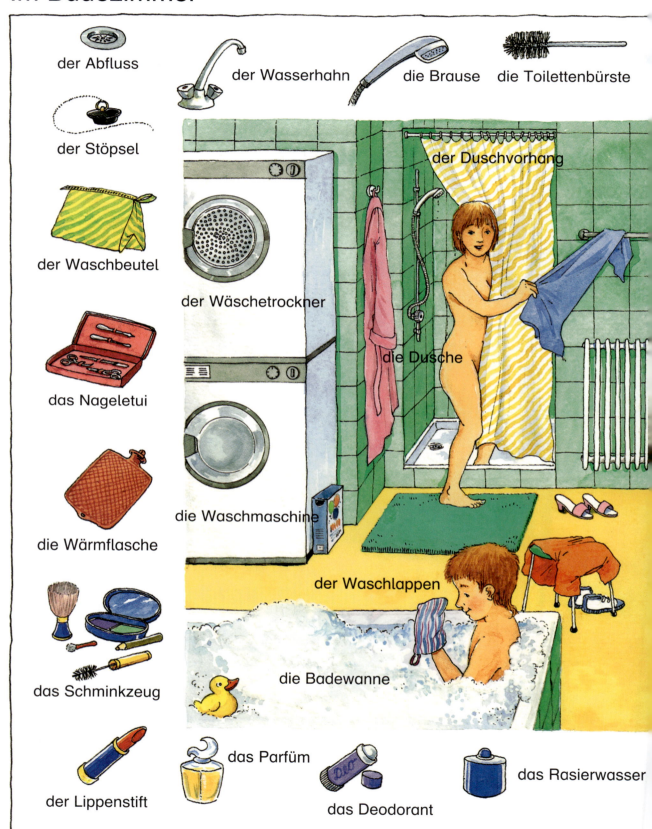

der Abfluss

der Wasserhahn

die Brause

die Toilettenbürste

der Stöpsel

der Waschbeutel

der Wäschetrockner

der Duschvorhang

das Nageletui

die Dusche

die Waschmaschine

die Wärmflasche

der Waschlappen

das Schminkzeug

die Badewanne

der Lippenstift

das Parfüm

das Deodorant

das Rasierwasser

die Haarspange

das Haargummi

der Kamm

die Bürste

der Zahnputzbecher

die Zahnbürste

die Zahnpasta

die Watte

die Kreme

die Seife

das Duschgel

die Fliesen

das Toilettenpapier

der Spiegel

der Föhn

die Toilette

das Handtuch

der Bademantel

das Waschbecken

die Waage

die Wäsche

das Shampoo

der Rasier-
apparat

das Haarspray

das Schaumbad

15

Im Wohnzimmer

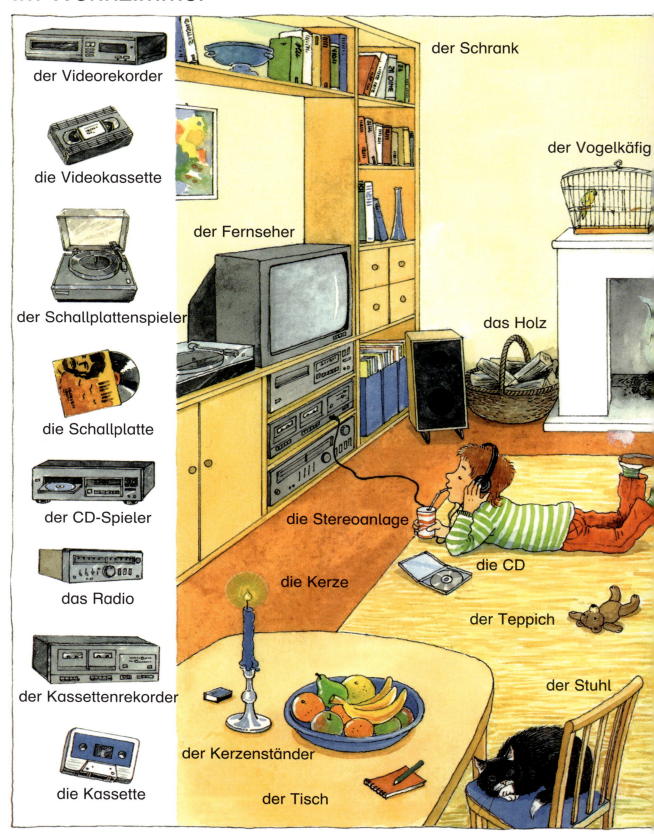

der Videorekorder

die Videokassette

der Schallplattenspieler

die Schallplatte

der CD-Spieler

das Radio

der Kassettenrekorder

die Kassette

der Schrank

der Vogelkäfig

der Fernseher

das Holz

die Stereoanlage

die CD

die Kerze

der Teppich

der Stuhl

der Kerzenständer

der Tisch

das Bild

der Vorhang

die Lampe

das Foto

die Frau

der Kamin

das Feuer

der Sessel

die Vase

der Mann

das Sofa

das Telefon

die Fernbedienung

die Glühbirne

die Steckdose

die Zeitung

das Buch

das Kissen

die Streichhölzer

17

Im Kinderzimmer

die Puppe

der Puppenwagen

der Luftballon

das Poster

das Kopfkissen

der Teddy

die Handpuppe

der Wecker

die Leiter

die Bettdecke

die Marionette

das Bett

das Kuscheltier

das Puppenhaus

der Kaufmannsladen

der Ball

das Spielzeugauto

der Gameboy

das Kartenspiel

das Puzzle

Fenster

der Computer

der Schreibtisch

die Trommel

die Spielzeugkiste

die Eisenbahn

die Murmeln

die Bauklötze

die Legosteine

der Comic

das Regal

das Steckenpferd

das Xylofon

die Blockflöte

die Gitarre

der Würfel

die Spielsteine

das Spielbrett

In der Schule

das Pausenbrot

die Garderobe

das Zeugnis

der Schulranzen

das Schulbuch

der Ordner

der Farbkasten

der Schulhof

die Bücher

der Setzkasten

der Buchstabe

der Pinsel

das Klassenzimmer

die Tafel

3 die Zahl

die Kreide

das Klassenbuch

der Papierkorb

das Blatt

das Lineal

die Wand

der Bleistift

die Landkarte

der Buntstift

2+3=

der Wachsmalstift

W O R T

das Wort

der Filzstift

A B C D E F
G H I J K L
M N O P Q R S
T U V W X Y Z

das Alphabet

der Kugelschreiber

der Schwamm

der Füller

die Zeichnung

das Heft

die Patrone

der Schüler

die Schülerin

der Anspitzer

die Lehrerin

der Zirkel

die Schere

der Zeichenblock

der Klebstoff

der Radiergummi

das Klebeband

das Federmäppchen

In der Stadt

die Reklame

die Litfaßsäule

der Briefkasten

die Telefonzelle

der Straßenmaler

der Straßenmusiker

die Müllcontainer

Hotel

Restaurant

Rathaus

das Taxi

die Straße

der Gehweg

die Kirche

das Haus

Stadtbücherei

Post

Imbiss

Kino

Wer zuletzt lacht

Büche

die Haltestelle

die Parkuhr

die Straßenlaterne

die Ampel

das Straßenschild

Hauptstraße

Berlin
Hauptstadt

das Ortsschild

die Haltestelle
die Treppe
die Fußgängerzone
die Kreuzung
der Polizist
die Fußgänger
der Zebrastreifen
die U-Bahn

Museum
Blumenladen
Friseur
Kaufhaus
Apotheke
Café

Der Verkehr

In der Luft

der Flughafen

der Hubschrauber

das Segelflugzeug

das Flugzeug

das Cockpit

der Tower

die Gangway

die Stewardess

der Pilot

Auf dem Wasser

der Hafen

das Schiff

das Motorboot

die Fähre

der Kapitän

der Matrose

der Anker

das Luftkissenboot

Auf den Schienen

der Bahnhof

der Wagon

die Straßenbahn

die Lokomotive

der Zug

der Bahnsteig

der Schaffner

die Schienen

das Auto

das Motorrad

der Lastwagen

das Verkehrsschild

das Benzin

die Tankstelle

die Notrufsäule

der Stau

der Verkehr

die Autobahn

die Raststätte

der Parkplatz

der Omnibus

der Krankenwagen

das Polizeiauto

der Abschleppwagen

die Müllabfuhr

das Feuerwehrauto

25

Im Supermarkt

die Nudeln

die Haferflocken

die Cornflakes

das Öl

der Essig

die Majonäse

das Mehl

der Zucker

die Bäckerei

Käse

Wurst

die Verkäuferin

Obst und Gemüse

Sonderangebot

Konserven

Haushaltsartikel

Tiernahrung

Reinigungsmittel

der Einkaufszettel

der Einkaufswagen

das Salz

die Papiertaschentücher

das Waschpulver

die Windeln

Fleisch

der Kunde

Getränke

Süßigkeiten

die Kundin

Zeitschriften

die Kasse

die Tasche

die Bonbons

die Schokolade

der Lutscher

die Sahne

der Jogurt

die Margarine

der Apfelsaft

der Orangensaft

die Flasche

die Kekse

der Kaugummi

Im Zoo

die Giraffe

der Elefant

das Nashorn

das Känguru

der Käfig

die Familie

der Gorilla

der Braunbär

der Löwe

der Affe

Bitte nicht füttern

der Papagei

Elefanten

Affen

Aquarium

Streichelzoo

ZOO

der Eingang

das Kamel

der Strauß

das Zebra

der Hai

der Fisch

AQUARIUM

die Schlange

das Krokodil

der Eisbär

der Pandabär

Bitte nicht füttern

der Tierwärter

der Tiger

der Seehund

der Pinguin

der Esel

das Pony

die Ziege

der Pfau

EIS

Streichelzoo

das Nilpferd

In Wald und Wiese

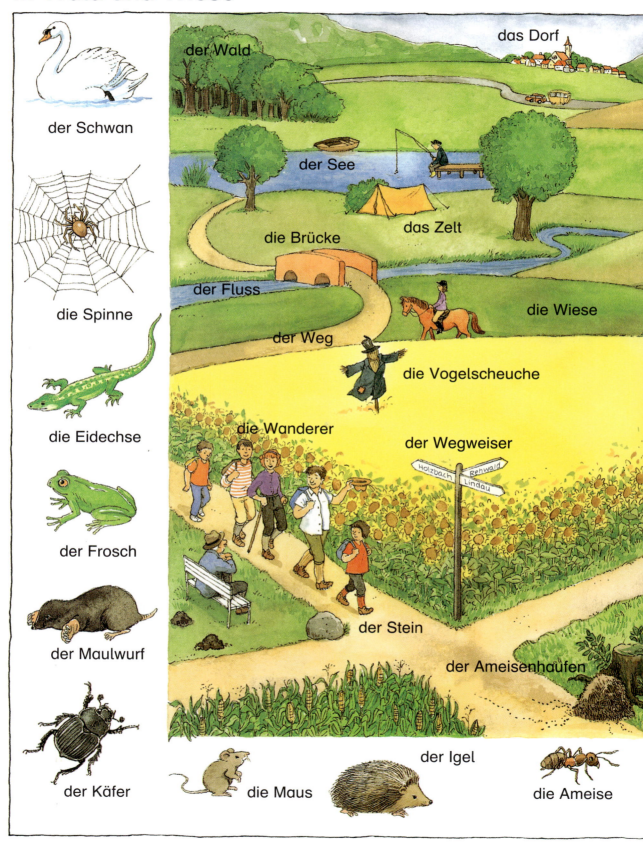

der Schwan

die Spinne

die Eidechse

der Frosch

der Maulwurf

der Käfer

der Wald

das Dorf

der See

das Zelt

die Brücke

der Fluss

die Wiese

der Weg

die Vogelscheuche

die Wanderer

der Wegweiser

Holzbach
Renwald
Lindau

der Stein

der Ameisenhaufen

die Maus

der Igel

die Ameise

der Berg

das Tal

der Jäger

der Baum

die Futterkrippe

der Vogel

der Ast

der Stamm

das Gras

die Pilze

das Reh

der Rehbock

der Fuchs

das Wildschwein

der Hase

das Eichhörnchen

die Eule

die Kastanie

das Moos

die Eichel

der Zapfen

Auf dem Bauernhof

das Pferd

das Fohlen

die Kuh

das Kalb

der Stier

das Schaf

das Bauernhaus

die Obstbäume

die Weide

die Tür

die Bäuerin

die Schubkarre

der Garten

die Axt

der Bauer

die Sense

der Traktor

der Pflug

das Schwein

das Ferkel

das Lamm

der Mähdrescher

das Getreide

das Feld

das Kaninchen

das Dach

der Kaninchenstall

die Scheune

die Strohballen

der Hund

das Heu

der Anhänger

die Katze

der Hühnerstall

der Stall

der Truthahn

der Misthaufen

die Hundehütte

der Zaun

die Gans

das Küken

das Huhn

die Ente

der Hahn

33